Mexiko

Klassische Reiseziele

Die Fresken von Diego Rivera

Marco Rosci

Atlantis

Ins Deutsche übertragen von
Elisabeth Stiefenhofer

Redaktion
Dr. Dieter Struss

Titel der Originalausgabe
Rivera, murales a Città die Messico

Herausgeber der Reihe
Silvio Locatelli und Marcella Boroli

Lizenzausgabe 1989 für
Manfred Pawlak Verlagsgesellschaft mbH, Herrsching

Printed in Italy, New Interlitho S. p. a. – Trezzano
ISBN 3-88199-566-8

Ideologie und Mythos auf staatlichen Mauern

Wir verurteilen die sogenannte »Stafflei-Malerei« und den ganzen elitären Kunstbetrieb der ultraintellektuellen Zirkel und verherrlichen die Monumentale Kunnst als Volksgut.
David Alfaro Siqueiros,
»Soziales, politisches und ästisches Manifest«
(1922)

Die ideologischen Grundlagen und die Kunstform der Wandmalerei (mexikanisch *muralismo*), d. h. des meist für öffentliche Gebäude bestimmten zeitgenössischen Monumentalfreskos, bilden sich in Mexiko in den Jahren um 1910 und 1920 heraus. Es ist die Zeit nach der Revolution Francisco Maderos gegen die von Militär und Großgrundbesitz gesteuerte Diktatur des Porfirio Diaz, eine Zeit, in der auch so herausragende Ereignisse stattfanden wie der Versuch Emiliano Zapatas, eine Agrarreform herbeizuführen. Und so entsteht die mexikanische Wandmalerei als Ausdruck und im Zeichen eines zweifachen Mythos, nämlich der präkolumbiansichen Tradition der eingeborenen Bevölkerung und der »institutionalisierten« Revolution. Der Widerspruch, der schon dem ursprünglichen mexikanischen Phänomen innewohnte, pflanzt sich in den dreißiger Jahren fort: Da sind einerseits die Vorschläge Sironis für eine nationalfaschistische Staatskunst (die Bildhauerkunst inbegriffen) und andererseits im Rahmen des Rooseveltschen New Deal die Hilfsangebote der Vereinigten Staaten an die amerikanischen Künstler (FAP), aus deren Reihen später die Vertreter des Action Painting hervorgehen sollten. Auch in der Zeit nach dem Zweiten Weltkrieg lebt dieser Mythos wieder auf: im sozialen Realismus Italiens nach der starken Präsenz der Mexikaner auf der 25. Biennale 1950 und in den Dritte-Welt-Revolutionen Lateinamerikas, allen voran der kubanischen, bis hin zur Befreiungswelle des Jahres 1968.

Ich habe dieses kontinentübergreifende »Schicksalsphänomen« über einen Zeitraum von 50 Jahren (die ersten Fresken Riveras, Orozcos und Siqueiros in der Vorbereitungsschule der Universität – Escuela National Preparatoria – von Mexiko-Stadt entstehen 1922) nicht etwa zurückverfolgt, um die Urspünglichkeit des mexikanischen Experiments, die von seinen Protagonisten immer wieder hervorgehoben wird, in Abrede zu stellen, sondern um sie im Gegenteil zu unterstreichen. Vielleich ist es gerade das in mehrfacher Hinsicht widersprüchliche Wesen dieses Experiments, das ihm eine bizarre, verwirrende, aber aufsehenderregende Lebenskraft und die Fähigkeit verleiht, für Widersprüche Ausdrucksformen zu finden! Da sind die Probleme des Jahrhunderts der Kommunikationsmittel und der Massengesellschaft, die ideellen und materiellen Konflikte zwischen Individualismus und Totalitarismus, die Gegensätze zwischen einer in Ausdrucksform oder experimenteller Anpassung an neue Technologien revolutonären Kunst und einer formal zwar traditionellen, aber sozial und politisch bewußt engagierten Kunst.

Der *muralismo* sei, so heißt es, untrennbar mit der mexikanischen Revolution verbunden, die ihrerseits nicht mit anderen Revolutionen dieses Jahrhunderts verglichen werden kann. In diesem Sinne haben die mexikanischen Wandmaler schlagkräftige Argumente, um ihr Werk als »einzigartig« im Rahmen der zeitgenössischen Kunst darzustellen, und zwar auf nationaler wie auf internationaler Ebene: In den Augen der spanischsprachigen

Anarcho-Gewerkschaftler zu Beginnn des Jahrhunderts hatte die *Revolución social* Weltgeltung. Die ersten Schlagwörter des *muralismo* (Rückkehr zur Tradition der Zeit vor den europäischen Eroberern, monumentale Staatskunst) gehen auf Gerardo Murillo, genannt Dr. Atl (1875–1964), zurück. Murillo war in Italien Anhänger von Enrico Ferri gewesen und gehörte in Mexiko-Stadt noch unter Porfirio Diaz zu den Begründern des »anarcho-sozialistischen Hauses des Weltarbeiters«, war also Vertreter einer der beiden die Revolutionsjahre bestimmenden Kräfte, nämlich des siegreichen arbeitenden und intellektuellen Bürgertums. Dieses schwankte zwischen revolutionärem Sozialismus und antiklerikalem Radikalismus und war bestrebt, das vor allem in der Förderung von Bodenschätzen übermächtige britische und amerikanische Kapital zu verdrängen. Dr. Atl war 1915 Leiter der Akademie der Schönen Künste, befaßte sich intensiv mit der mexikanischen Volkskunst und setzte sich für die Erhaltung präkolumbianischer Bauwerke ein. Als Wortführer der nazi-freundlichen »fünften Kolonne« landete er während des Zweiten Weltkriegs im Gefängnis: ein typisches Beispiel für das unglaubliche kulturelle und ideologische Klima, in dem Rivera und Siqueiros in den dreißiger Jahren lebten. Beide waren sie in den zwanziger Jahren Mitglieder der kommunistischen Partei, Rivera war Anhänger und Freund Trotzkis, Siqueiros war in dessen Ermordnung verwickelt.

Probleme mit der »politischen Biographie« sind bei zeitgenössischen Künstlern keine Seltenheit, im Fall der Mexikaner ist dies aber kein äußerliches Phänomen, sondern untrennbar verbunden mit Ursprung, Absicht und Bedeutung ihrer Werke. Mit dem Sturz Porfirio Diaz' im Jahr 1911 fällt der kleine revolutionäre Streik an der Akademie der Schönen Künste zusammen, zu deren Schülern damals der blutjunge Siqueiros zählte. Es ging gegen die von Spanien und England beeinflußte dekorative Liberty-Kunst und um die Einrichtung von impressionistisch orientierten »Freilichtateliers«. Aber alsbald folgt auf die Ermordung Maderos die neue Militärdiktatur Victoriano Huertas. Es ist die zweite und blutigere Phase der *revolución,* an deren Ende eine Million Tote stehen, ein Zwölftel der Bevölkerung. In den neuen Ateliers wird gegen Huerta konspiriert, und als es zu Repressionen kommt, treten nicht wenige Schüler den revolutionären Truppen der *peones* (Landarbeiter) von Zapata und Villa und der Soldaten und Arbeiter Obregóns bei.

Hautnahe Begegnung mit dem mexikanischen Menschen

Siqueiros erinnerte sich 1947 in einer Mischung von revolutionärem Mythos und präkolumbianischer, ethnischer Tradition: »So begann unser direkter Kontakt mit dem Volk Mexikos, mit den Bürgern Mexikos, mit den Arbeitern Mexikos, mit den Indios Mexikos, mit dem Menschen Mexikos. . . Es war aber nicht nur der Kontakt mit dem Menschen Mexikos, sondern auch mit dem Charakter oder den Charakteren des Menschen Mexikos, mit der Geographie Mexikos, mit der Archäologie Mexikos, mit der ganzen Kunstgeschichte Mexikos, mit der Volkskunst Mexikos, mit der gesamten Kultur unseres Landes. Dieser Kontakt bedeutet für uns den Tod der traditionellen Pariser Bohème.«

Es ist die Geburtsstunde des Künstlers der Revolution, wie Siqueiros und Orozco ihn verstehen, der etwas anderes ist als der Kunstrevolutionär, wie der damals fünfzigjährige Rivera einer war. Rivera lebte seit 1907 in Paris, war von Modigliani porträtiert worden, war Anhänger des Kubismus, aber auch Bewunderer des italienischen Monumentalfreskos von Giotto bis Michelangelo. Der Künstler der volksnationalen Revolution, der »eintaucht« in das Volk, in das Land, in die Ursprungstraditionen und in die Mythen von Land und Volk (denn nichts anderes ist vom präkolumbianischen Mexiko geblieben als ein anthropologischer Mythos und »fremdartige« Bauwerke), entsteigt diesem

Bad für immer »geheilt« von der individuellen und subjektiven, der »bürgerlichen« und »europäischen« Kunst.

Und genau an diesem Punkt kommt es zu dem grundlegenden Widerspruch, der sowohl die Geschichte Mexikos als auch die Lebensgeschichte der Künstler der mexikanischen Revolution kennzeichnet. Da ist einerseits der Erfolg der Revolution von Bürgertum und Bauern und Landarbeitern (auch wenn Emiliano Zapata, der Kämpfer für *Tierra y Libertad*, – Land und Freiheit – sich in die Berge zurückzieht und dort umkommt, und es nur ein magerer Trost ist, daß er zehn Jahre später von Rivera an den Wänden des Naøtionalpalastes verewigt wird): Fast ein Jahr vor der Oktoberrevolution wird die Verfassung von 1917 zu Papier gebracht, die das nationalstaatliche Eigentum des Bodens, der Energiequellen und der Bodenschätze verfügt und die vor allem in einem feierlichen Akt einen Staat ausruft, der per Verfassungsrecht für immer »sozialnational«, »revolutionär« und »fortschrittlich« ist. Kraft Gesetzes haftet jedem, der in Mexiko die tatsächliche Macht innehat, automatisch ein revolutionäres und fortschrittliches Image an (man darf nicht vergessen, daß wir immerhin in Lateinamerika sind, d. h. in einem Subkontinent, dessen Eizelstaaten aus militärischen »Sezessionen« Spaniens und Portugals hervorgegangen sind, nie aber aus bürgerlichen Revolutionen) und er ist in gewisser Weise gezwungen, dieses Image zu pflegen. Andererseits gilt jegliche Opposition automatisch als konterrevolutionär und reaktionär, auch wenn die Situation in Wirklichkeit genau umgekehrt ist. Dies war vor allem während der langen Autokratie Plutarco Calles' (genannt »El Jefe Máximo«, der oberste Chef), von 1924 bis 1934, der Fall, den die »gelben« korporativen Gewerkschaften der regionalen Konföderation der mexikanischen Arbeiter unterstützten.

Bei den jungen revolutionären Malern bewirkt das Eintauchen in Land und Volk zwar die Ablehnung der »europäisierend-bürgerlichen Kunst«, hindert Siqueiros aber nicht daran, nach dem Sieg als revolutionärer Offizier das Stipendium und die kulturellen Vergünstigungen der neuen Regierung anzunehmen, um Rivera, der Anhänger der revolutionären Ideen Zapatas war, nach Paris zu folgen. Die Begegnung zwischen den beiden – die von da an zusammen mit dem introvertierteren, anarchisch-mystischen, bis zum Nihilismus apokalyptischen Orozco zu den Leitfiguren des *muralismo* auch in theoretischer Hinsicht werden sollten – fand zu einem Zeitpunkt statt, als sich ein Teil der kubistisch-futuristischen Avantgarde wieder der »Rückkehr zur Ordnung« zuwandte. Zwischen Italien und Paris lenken Maler wie Carrà, De Chirico und Savinio ihr Augenmerk wieder auf Giotto, Masaccio und Paolo Uccello, auf die Vereinfachung der Formen, die »primitive Geistigkeit« und gleichzeitig auf das »solide Handwerk« der italienischen Renaissance. Vor diesem Hintergrund kommt es zu einer Art Austausch, ja sogar idealer Osmose zwischen der mexikanischen Erfahrung Siqueiros und den unter den jungen Künstlern verbreiteten Ideen des Dr. Atl und den Pariser Erfahrungen des Exkubisten Rivera.

Wir zitieren noch einmal Siqueiros aus dem Jahr 1947: »1919 kam ich mit anderen Malern nach Europa. In Paris traf ich Diego Rivera. Es war die Begegnung zwischen dem von mir vertretenen neuen Eifer und den neuen Ideen der jungen mexikanischen Maler, die direkt an den bewaffneten Auseinandersetzunen der mexikanischen Revolution teilgenommen hatten, und einer äußerst wichtigen Periode der formalen Revolution der plastischen Kunst in Europa, deren Vertreter Rivera war. Paris stand damals im Zeichen der nachkubistischen Zeit, wohl die bedeutendste unter den modernen Strömungen. Die Theorien Cézannes und seiner Anhänger (»aus dem Impressionismus eine Kunst wie die der Museen zu machen, geometrisch zu strukturieren . . .«) erschienen mir – und waren – der Beginn einer positiven Neuwertung der Kunst.« Tatsächlich ist das erste Manifest, das die Frucht dieser Begegnung ist (die »Drei Aufrufe zu einer zeitgemäße Neuorientierung«, die Siqueiros 1921 von Barcelona aus an die jungen amerikanischen Maler und Bildhauer richtet), ein Gemisch aus futuristisch anmutender Phraseologie (»Laßt uns unsere wunderbare dynamische Zeit erleben! Laßt uns die moderne Mechanik lieben, die uns mit unverhofften plastischen Gefühlen in Berührung bringt, die modernen Aspekte unseres Alltagslebens, das Leben unserer im Bau befindlichen Städte«) und dem am Beginn des *muralismo* stehenden Ruf nach der neoklassischen Restauration der plastischen Kunst, die im indianischen Primitivismus wurzelt. An der Auslegung dieses Primitivismus sollten sich später die Wege von Siqueiros und Rivera trennen. »Es ist unabdingbare Voraussetzung für die Konsolidierung unserer Kunst, *daß wir der Malerei und der Bildhauerei die verlorengegangenen Werte zurückgeben* und gleichzeitig *neue Werte* beitragen. Wie die Klassiker führen wir unsere Werke nach unverrückbaren Gesetzen des ästhischen Gleichgewichts aus, wie sie müssen wir geschickte Handwerker sein! Kehren wir zurück zu den Alten, zur Grundlage ihres Schaffens, zu ihrer großen Lauterkeit . . Wir müssen in erster Linie Baumeister sein, gleich ob der Gegenstand unseres Schaffens dynamisch oder statisch ist.

Stellen wir unser eigenes Empfinden gegenüber der Natur auf eine solide Grundlage und halten wir uns eifersüchtig an die Wahrheit . . . Das Verständnis des bewundernswerten menschlichen Hintergrundes der *schwarzen Kunst* und der *primitiven Kunst* im allgemeinen hat der plastischen Kunst, die seit vier Jahrhunderten dunkle Irrwege geht, klar und umfassend die Richtung gewiesen. Nähern wir uns wieder an die Werke der alten Bewohner unserer Täler an, die indianischen Maler und Bildhauer (Maya, Azteken, Inka usw.); aufgrund der klimatischen Nähe sind wir in der Lage, die konstruktive Kraft ihrer Werke, aus denen ein elementares Wissen um die Natur spricht, in uns aufzunehmen und als Ausgangspunkt für unser eigenes Schaffen zu verwenden.

Poetik und Praxis der öffentlichen Monumentalkunst

Das Pariser Avantgarde-Experiment Riveras – auch wenn es überwunden, wenn nicht gar beiseitegeschoben ist – und die Entdeckung des Zeitgenössischen und der industriellen und technologischen Zivilisation durch Siqueiros (die sich zehn Jahre später im amerikanischen Exil erneuert und Frucht trägt) scheinen die beiden Maler für einen Augenblick von der neuen, zumindest theoretischen, Wirklichkeit des aus der Revolution geborenen Mexikos zu entfernen. Kaum sind die beiden aber 1922 in die Heimat zurückgekehrt und mit Orozco und anderen jungen Künstlern (Charlot, Guerrero, Revueltas, Montenegro, Mérida) wieder vereint, etabliert sich die öffentliche Monumentalkunst auch in ihren ideologischen und polititschen Aspekten, d. h. als institutionelle, sozialnationale und staatliche Kunst. Das geht deutlich aus dem zweiten Manifest (»Soziale, polititsche und ästhetische Deklaration«) hervor, das Siqueiros 1922 im Namen der im Syndikat der technischen Zeichner, Maler und Bildhauer zusammengefaßten Künstler herausgibt. Die Diktion verrät Kenntnis und Einfluß der futuristischen, konstruktivistischen und produktivistischen Gruppen der Sowjetunion, die schon zum damaligen Zeitpunkt den Weg der neuen Wirtschaftspolitik und des »Staatskapitalismus« beschritten hatten. Es ist kein Zufall, daß Rivera 1923 der sowjetischen Gruppe »Oktober« beitritt, welche die linke Kunstfront unterstützt, und daß 1924 Majakowski nach Mexiko-Stadt kommt.

Da soziokulturelle Klima des Manifests ist das nämliche, aber das ästhetische Glaubensbekenntnis ist restaurativ und lehrhaft und kommt einem anderen kulturellen Aspekt der sowjetischen Revolutuon nahe, dem Proletkult. »Wir gehören zu denen, die den Untergang eines veralteten, grausamen Systems fordern, in dem Du, Landarbeiter, Nahrung für den Bauch der Folterknechte und der Aufwiegler erzeugst, während Du selbst vor Hunger stirbst, und Du, Arbeiter in der Stadt, in den Werkstätten schuftest, Stoffe webst und mit Deinen Händen den Luxus von Kupplern und Huren schaffst, während Dein Körper vor Schmach erschauert; und Du, indianischer Soldat, verläßt heroisch das Land, das Du bearbeitest, und gibst Dein Leben hin, um dem Elend, das Deine Rasse seit Jahrhunderten niederdrückt, ein Ende zu bereiten. Nicht nur die edle Arbeit, sondern auch der geringste Ausdruck geistigen und physischen Lebens unserer Rasse leitet sich von den Ureinwohnern her (und da insbesondere von den *Indios*). Bewundernswert ist ihr außerordentliches Talent, mit dem sie *schöne Dinge schaffen: Die Kunst des mexikanischen Volkes ist der gesündeste geistige Ausdruck der Welt* und seine Tradition unser größter Reichtum. Dieser Reichtum ist groß, weil es ein kollektiver, dem Volk gehörender ist, und deshalb ist unser wichtigstes ästhetisches Ziel die Sozialisierung des künstlicherischen Ausdrucks, durch die der bürgerliche Individualismus vollkommen abgeschafft wird . . . *Wir erklären*, daß die Schöpfer der Schönheit zum gegenwärtigen Zeitpunkt des Übergangs von einer zerrütteten zu einer neuen Ordnung die größte Anstrengung unternehmen müssen, damit ihr Werk für das Volk von ideologischem Wert sei und damit als Endziel die Kunst, die heute Ausdruck individualistischer Masturbation ist, zu einem Allgemeingut für alle werde, in dem Bildung und Kampf zum Ausdruck kommen.«

Es liegt auf der Hand, daß eine solche Poetik individuellen Spielraum läßt, von der symbolischen, geistigen Schönheit zum ideologischen und politischen Realismus belehrender Art bis hin zum Expressionismus, aber immer im Rahmen einer heimischen Bildtradition und einer ausdrücklich volkstümlichen Sehweise.

Das trifft auf alles zu, was das Syndikat unter Leitung des Dreigestirns Rivera, Orozco, Siqueiros von 1922 bis 1923 mit der Aufrichtigkeit und Naivität von Neulingen an die Wände des ehemaligen Jesuitenklosters St. Peter und Paul malt, in dem die Vorbereitungsschule der Universität untergebracht wurde: Es ist die erste Staatskommission, die das Erziehungsministerium stellt. Und schon hier zeigen sich bei dem Dreiergremium grundlegende Unterschiede: Während in den Werken Orozcos (die er später übermalt und durch andere Gemälde ersetzt hat) ein Schwanken zwischen Neobyzantinismus und Neoromanik festzustellen ist, darunter z. B. ein »Christus, der das Kreuz zerstört», ein Gemälde, das zehn Jahre später in Hanover in den USA wiederholt wurde, und während sich in den zum Teil verlorengegangenen Bildern Siqueiros' eine heftige expressionistische Neigung vorankündigt, sind die Malereien des Exkubisten Rivera entschieden traditionalistisch-»modern«. Auch wenn die Besonderheit des vorgegebenen Themas teilweise einen gewissen Einfluß ausgeübt haben mag, so ist doch sicher, daß Rivera mit der *Schöpfung* der mexikanischen Rasse, die als umfassende Vereinigung von Indios, Mestizen und weißem Europäer in einem synkretistischen Umfeld aus Humanismus, Kunst,, Wissenschaft und theosophischem Mystizismus gesehen wird, hier all seine Bewunderung für den Primitivismus und die italienische Renaissance mit einbringt, von den Mosaiken bis zu Giotto und Fra Angelico. Er kommt dabei zu ähnlichen Ergebnissen wie der Ex-*Nabi* Maurice Denis in seinen religiösen Malereien und wird zum Vorreiter der Vertreter des italienischen *Novecento* (20. Jh.) von Carrà bis Casorati und Funi, auch wenn hier und dort noch Anklänge an Gauguin und Picasso in seiner klassischen Periode durchscheinen.

Ganz offensichtlich kommt nicht nur in den Malereien Riveras, sondern auch in allen anderen Fresken der Vorbereitungsschule ein »embryonaler« Zustand zum Ausdruck. Dies gilt nicht nur für das Formale, sondern auch für die Inhalte: Innerhalb eines Jahres sind Rivera und Siqueiros aus Europa zurückgekehrt, wurde das Syndikat gegründet, das revolutionäre »Manifest« veröffentlicht und wurden vom Staat die Fresken in Auftrag gegeben. Ein grundlegendes Phänomen kündigt jedoch bereits die Zukunft an: Da ist einerseits eine ursprünglich geschlossene Gruppe von Künstlern, die ein unerschütterlicher Glaube an eine neue, revolutionäre Ordnung vereint und zu höchstem politischen und sozialen Engagement anspornt. Auf der anderen Seite steht eine kraft Verfassung revolutionäre Staatsmacht, die breits auf der Allianz zwischen radikalem städtischem Bürgertum, Streitkräften und antimarxistischen, korporativen Gewerkschaften beruht (während die Agrarrevolution, für die Zapata sich geschlagen hatte, zeitlich immer mehr in die Ferne rückt) und die auf den öffentlichen Mauern des neuen Regimes allein darstellen und dargestellt werden möchte. Ihre definitive Prägung erhält diese Staatsmacht mit der persönlichen Autokratie von Calles ab dem Jahr 1924.

Der Bruch zwischen Rivera und Siqueiros

Vor diesem Hintergrund kommt sehr schnell der unlösbare Konflikt zwischen Rivera und Siqueiros zum Ausbruch, der sowohl politisch-ideologischer als auch persönlicher Natur ist (persönlich sowohl in bezug auf die Beziehung zur »Macht« als auch bei der Wahl von Themen und Formen), und dies, obwohl beide Mitglied der kommunistischen Partei Mexikos sind (Siqueiros wird Generalsekretär der einheitlichen marxistischen Gewerkschaftskonföderation und nimmt in dieser Eigenschaft 1927 in Moskau am 4. Kongreß der roten Gewerkschaftsinternationale teil) und obwohl beide 1923 zu den Gründungsmitgliedern der neuen revolutionären Gewerkschaft der Maler, Bildhauer und Graveure Mexikos gehören. Zum Skandal kommt es wegen der monumentalen Fresken Riveras, die von 1923 bis 1929 in den drei *patios* (Höfen) des Erziehungsministeriums entstanden. Es ist ein Skandal in zweifacher Hinsicht: Während Siqueiros und andere Mitglieder der ursprünglichen Gruppe, wie Xavier Guerrero, sich angesichts der neuen politischen Situation weigern, als Wandmaler zu »dienen« und sich im Gewerkschaftsorgan »El Machete« (so genannt nach der echten und symbolischen Waffe, die bei den Aufständen der lateinamerikanischen Landbevölkerung verwendet wurde) der oppositionellen, politischen Graphik widmen, arbeitet Rivera für eine antimarxistische, diktatorische Regierung, die Siqueiros schließlich ins Gefängnis und in die Verbannung schickt. Auf der Ebene der ursprünglichen gemeinsamen Entscheidung für die präkolumbianische Tradition und das Indio – Volk – eine expressionistische und symbolische Wahl – wird Rivera der Rückschritt zu einer folkloristischen Sicht und Darstellungsweise jener Tradition und jenes Volkes vorgeworfen.

1932 schreibt Siqueiros: *»Die Verherrlichung der Volkskunst war eine natürliche Reaktion auf die europäisierende und aristokratische plastische Kunst der Zeit von Porfirio Diaz.* Diese Verherrlichung war in gewisser Hinsicht nützlich, aber der Abkürzungsweg, den sie eingeschlagen hat, ist außerordentlich gefährlich . . . Die Volkskunst ist trotz aller Kenntnis und Erfahrung, die sie gesammelt hat, die abgewertete Ausdrucksweise einer Rasse oder eines Volkes, die über Jahrhunderte versklavt waren und deshalb die materielle Möglichkeit verloren haben, sich auf so monumentale Weise auszudrücken, wie dies zu Zeiten ihrer Blüte der Fall war. Trotz ihrer unbestreitbaren Schönheit ist die Volkskunst deshalb ein Produkt malerischer Plastik . . . Es handelt sich . . . um ein Verharren im Fetischismus der Volkskunst. Plastisch zeigt sich das in einer Neigung zu typischen Äußerlichkeiten, also genau das, was der Tourist verlangt. Auf diese Weise hört die moderne plastische Kunst auf, das organisch-ästhetische Produkt von Geographie, sozialem Klima und der Tradition Mexikos zu sein, und stattdessen wird sie zum folkloristischen Ausfuhrgut . . . Wir dürfen nicht zu sehr an den Gegenstand der Volkskunst denken, sondern müssen uns ernsthafter mit den Werken der indianischen Meister Mexikos und ganz Amerikas auseinandersetzen . . . Wenn wir alles Kindische und Unbedeutende ausschalten wollen, müssen wir uns wieder ihren großen Werken zuwenden, die uns das Verständnis für das Wesentliche und Ursprüngliche lehren. In der Tradition der Indianer Amerikas werden wir auch jene metaphysische Ergänzung finden, die den Meisterwerken aller Zeiten auf der ganzen Welt zu eigen ist . . . Es gibt nichts in unserem Umfeld, das uns lehren könnte, in Malerei und Bildhauerkunst die indianischen Skulpturen der die Bauwerke vor der Eroberung durch Cortéz zu übertreffen.«

Fresken Riveras im Erziehungsministerium die eine Fläche von 1.600 Quadratmetern einnehmen, zeigen die Revolution als einen heroischen Mythos, auf dem das neue mexikanische Regime und das Volk, vor allem das indiansiche Volk beruht. Die Malerei unterstreicht den »Fortschritt«, der von der Macht an die ungebildete Masse verteilt und von der Stadt in das archaische Land getragen wird. Ein zweites Thema sind die volkstümlichen Gebräuche, Feste und die traditionellen Gewerbezweige, die Siqueiros dem Freund-Feind sowohl in politischer als auch in kultureller Hinsicht vorwirft.

In Wahrheit sind die formalen und ideologischen Aspekte dieser Hauptwerks Riveras viel verwickelter und auch widersprüchlicher, als es die vorwiegend politische Polemik des stteng orthodoxen Siqueiros vermuten läßt. Nicht zu übersehen ist der Fortschritt im Vergleich zum neoprimitiven Traditionalismus der Fresken in der Vorbereitungsschule, auch wenn immer noch Spuren eines »Italianismus« vorhanden sind: Die Bergbauszenen aus der Zeit von Porfirio Díaz, die ideologisch den Gegensatz herausarbeiten sollen zwischen der Verstaatlichung der Förderindustrien und den indianischen Landarbeitern, die von Aufsehern im amerikanischer Kleidung versklavt werden (ein Symbol der ausländischen Herrschaft), erinnern sehr deutlich an die Ikonographie der Fresken von Piero della Francessca in Arezzo. Das gleich danebenliegende Bild »Industrie- und Landarbeiter verbrüdern sich« ist dagegen ein typisches Beispiel für den »Neo-Giottismus« im Stile Carràs. Aber im allgemeinen überwiegt, vor allem in den großen Szenen, die Leben und Arbeit der Indios auf dem mexikanischen Land darstellen, die Erfahrung eines Malers, der die modernen künstlerischen Revolutionen in Frankreich aus eigener Anschauung kennengelernt hat und um die neuen Formen und Bedeutungen weiß, die der Begriff des Primmitivismus durch sie erlangt hat: Viele Darstellungen lehnen sich eindeutig an Gauguin an. Auch das kann natürlich nicht den Beifall Siqueiros' finden, weil es einen Vergleich des mexikanischen Eingeborenen mit dem polynesischen bedeutet, wodurch die Ergebnisse der *revolución* zu einer Art idyllischen Rückkehr zum zeitlosen Naturleben verwässert werden.

Aber das Klima verändert sich – und hierin liegt die wahre Grundlage für die spätere Entwicklung Riveras –, als er im Zyklus der landwirtschaftlichen und proletarischen Revolution die Themen der revolutionären Verbrüderung zwischen Arbeitern und Bauern und der späteren Entwicklung des Klassenkonflikts in Angriff nimmt. Was immer Siqueiros denken oder sagen mag: Dieser Teil der Fresken Riveras ist das erste Beispiel für eine direkte und nicht metaphorische politische Darstellung unter extrem widersprüchlichen Bedingungen: Rivera arbeitet für ein personalistisches und entschieden antimarxistisches Regime (das aber gleichzeitig nationalistisch, antiamerikanisch und zumindest formal antikapitalistisch ist, was dem Maler Raum gibt), er verzichtet deswegen aber mitnichten auf seinen tief verwurzelten Kommunismus und zeigt in der Umarmung zweier so verschiedener Revolutionen wie der mexikanischen und der russischen in einem utopischen Klima, wo Rivera, John Reed und Eisenstein sich die Hand geben, auf anschauliche Weise das Bündnis zwischen dem Proletariat der Fabriken und dem der Felder. Als Rivera dazu übergeht, auch das Gesicht des »Feindes«, d. h. den nicht minder mythischen Kapitalismus von Wall Street und seine »Unmoral« zu malen, erreicht der groteske Expressionismus seinen Höhepunkt. Formal erkennnt man wieder eine Anpassung an die zeitgenössische europäische Malerei. Rivera hat sich zwar von Mexiko nicht mehr fortbewegt, ist aber mit der revolutionären Avantgarde in Kontakt geblieben, insbesondere mit der deutschen und mit deren polemischem, graphischen Schaffen im politischen und ideologischen Bereich. Anders kann man sich die Resonanz des deutschen Spätexpressionismus mit ihren Vertretern Grosz, Dix und Beckmann nicht erklären.

Die Wandmalerei als Ausfuhrartikel

Rivera beendet die Fresken zwischen 1928 und 1929, zu einem Zeitpunkt, in dem das personenbezogene Regime von Calles die Zügel anzieht: Siqueiros geht abwechselnd ins Gefängnis und in die Verbannung, und Orozco wird an den Rand gedrängt. Diese Situation, die jetzt auch Rivera selbst betrifft, läuft auf eine mehr oder weniger »Emigration« hinaus (für Siqueiros bedeutet es das Exil) und führt dazu, daß die drei Künstler in den Vereinigten Staaten arbeiten. Es ist die erste »Ausfuhr« der Wandmalerei nicht nur als formales und technisches Phänomen, sondern auch unter politisch-ideologischen und in gewisser Hinsicht institutionellen Aspekten. Fachleute, die dem nachgegangen sind, haben die Einwanderung der Mexikaner mit dem interessanten Phänomen des öffentlichen Projekts für Kunstwerke des Finanzministeriums im Rahmen des New Deal Roosevelts (PWOP) 1933 in Verbindung gebracht. Das staatliche Projekt zur Förderung der Kunst (FAP) 1935 umfaßte alle Formen künstlerischer Betätigung und finanzierte im Rahmen der bildenden Kunst auch die Ausschmükkung öffentlicher Gebäude. So oder so ist der mexikanische Einfluß unbestreitbar, Rivera wurde 1930 nach San Francisco an die kalifornische School of Fine Arts berufen und arbeitete dann 1932 im Museum von Detroit. 1930 bis 1931 verherrlichte Orozco an den Wänden der Neuen Schule für soziale Forschungen in New York die sowjetische Revolution, während gleichzeitig Thomas Benton das moderne Leben der Stadt New York illustrierte. Benton ist der herausragende, alles andere als links orientierte Vertreter der American Scene, des amerikansichen »natinalen Realismus«, den er selbst in der Autobiographie von 1936 dem »Radikalismus« und »Kommunismus« der Mexikaner und ihrer Freunde entgegensetzt. 1932 gibt Siqueiros in Los Angeles, wo er eine Wandmalergruppe gründet, ein kurzes Gastspiel (schon im Jahr darauf wird er ausgewiesen).

Schon in den Unterschieden zwischen Siqueiros und Benton bei der gemeinsamen Arbeit wird deutlich, daß die Mexikaner in den USA vor allem aus politischen Gründen leidvolle Erfahrungen machen. Dies gilt übrigens auch für das in die tiefen politisch-ideologischen Gegensätzen, verstrickte FAP, Gegensätze die in den USA durch den Spanien-Krieg, die stalinistischen »Säuberungen« und die Allianz zwischen Hitler und Stalin im Jahr 1939 ausbrechen. Das FAP wird der Aufsicht des parlamentarischen Untersuchungsausschusses für antiamerikanische Umtriebe unterstellt, der schon 1938 gegründet worden war und in der Zeit nach dem zweiten Weltkrieg unter dem Vorsitz McCarthys in Verruf kam. Was immer die drei Mexikaner schaffen, ruft Polemiken hervor, so daß die Werke oft gleich wieder versteckt oder übermalt werden. Das Ganze gipfelt in der berühmten Affäre um das Fresko, mit dem Rivera 1933 für das Rockefeller-Center in New York beauftragt worden war. Das Wandgemälde war schon in der Entstehungsphase wegen der Figur Lenins beanstandet worden und wurde zu Beginn des Jahres 1934 zerstört, nachdem der Maler sich geweigert hatte, es abzuändern. Zum anderen ist auch unter den Künstlern selbst und in den »radikalen« kulturellen Kreisen, in denen sie verkehren, der Bruch zwischen Stalinismus und Trotzkismus unausweichlich (zu erwähnen ist in diesem Zusammenhang besonders die Beziehung zwischen Rivera und Ben Shahn, dem Maler, der »episch-realistischen« Geschichten von Sacco und Vanzetti, die 1932 in New York ausgestellt wurden).

Auf kultureller und kreativer Ebene ist das Eintauchen in die Ralität der hochentwickelten Industriegesellschaft, die von den Mexikanern noch zehn Jahre zuvor nur als Zukunftsutopie gesehen worden war, richtungsweisend und fruchtbar, wenngleich Rivera und Siqueiros zu unterschiedlichen Ergebnissen kommen. Rivera erinnert sich später im Jahre 1945: »In Mexiko . . .spürte ich, daß mir eine Erfahrung fehlte, um die moderne Welt wirklich in allen ihren Aspekten malen zu können. Es fehlte mir die Erfahrung der mechanisierten Zivilisation, die Erfahrung des industriellen Lebens . . .« Kaum war er in den USA, verherrlichte er »die wunderbare Schönheit der Fabrikanlagen . . ., den Glanz der Metalle, die Klarheit der Glasflächen«. Für ihn bedeutete das alles eine formale und thematische Bereicherung und die Abkehr vom lyrischen Primitivismus zugunsten einer Malerei, in deren Mittelpunkt der kritische und ideologische Realismus steht, der auf die lehrreiche Geschichte des zeitgenössischen Lebens und des letztendlich immer mehr marxistisch-revolutionären, internationalistischen und antifaschistischen Klassenkampfes angewandt wird.

Der letztgenannte Punkt ist das einzig Gemeinsame, was zwischen den beiden bestehen bleibt. Für Siqueiros bedeutet das Exil in den Vereinigten Staaten, dann in Uruguay und in Argentinien, bis er im Jahr 1935 in seine Heimat zurückkehrt, die Erarbeitung eines völlig neuen Konzepts der Wandmalerei: Es verwendet die fotographische Projektion für den graphischen Entwurf, vorgefärbte Zemente für die Präparierung des Stahlbetons, Silikon- und Plastikmaterial, das mit der Spritzpistole aufgetragen wird, Projektoren als integrierenden Bestandteil der bildlichen Gesamtwirkung, und sucht nach diesem Effekt im Sinne einer optisch verzerrenden, im weitesten Sinne filmischen Ausdehnung auf gewollten Ebenen.

Und dies ist der letzte, entscheidende Widerspruch zwischen den beiden: Der ehemalige Kubist Rivera, Freund des nach Mexiko ins Exil gegangenen Trotzki und Unterzeichner (gemeinsam mit dem Surrealisten Breton) eines Manifests für die revolutionäre trotzkistische Kunst (1938) wird überzeugter Verfechter einer »sozial-realistischen« Kunst, die hundertprozentig auf der Linie der Theorien von Stalin und Schdanov liegt. Siqueiros, der orthodoxe Kommunist und Kämpfer im Spanien-Krieg, der an der Ermordung Trotzkis beteiligt ist, kehrt in seinen Wandmalereien nach 1933 zu einem extremen expressionistischen Symbolismus zurück, der formal und technisch der Avantgarde zuzurechnen ist.

Eine erneute Begegnung zwischen den beiden kann in Mexiko stattfinden, wo nach einer Überwindung der direkten und indirekten Diktatur von Calles die Präsidentschaft des alten Zapata-Anhängers Don Lázaro Cardenas von 1934 bis 1939 endlich eine konkrete, wenn auch nur teilweise Verwirklichung der Prinzipien einer revolutionären Verfassung in die Wege leitet. So wird auch kulturell der Bruch zwischen institutioneller Theorie und Wirklichkeit im modernen Mexiko überwunden. Die Widersprüchlichkeit, die Siqueiros Rivera vorwarf, als dieser im Erziehungsministerium unter dem Regime Calles arbeitete und damit in gewisser Weise dessen Paternalismus illustrierte, wird hinfällig. 1934 wiederholt Rivera mit wenigen Abänderungen auf einer Wand des Palastes der Schönen Künste in Mexiko-Stadt das im Rockefeller-Center von New York zerstörte Fresko mit der mythischen Verherrlichung des »sozoialistischen Menschen«, der Triebkraft und Beherrscher der Technik und der Natur ist. In elementarem Positivismus stellt der Maler Darwin neben ein Röntgenbild und geht von den Menschenaffen zu den Studenten aller Rassen über,, die gebannt auf den Arbeiter als Weltenlenker blicken, während auf der gegenüberliegenden

Seite Lenin Arbeitern ebbenfalls aller Rassen die Hand drückt und Trotzki, Marx und Engels um die rote Fahne der Vierten Internationale versammelt sind.

Der Bilderzyklus im Nationalpalast

Im selben Jahr nimmt Rivera die Arbeit an dem Werk wieder auf, das in bezug auf räuliche Ausdehnung und Dauer der Arbeit sein anspruchsvollstes bleiben sollte: den Bilderzyklus im Nationalpalast, den er bereits 1929 begonnen hatte, und der die Geschichte Mexikos von der Ankuft der *conquistadores* bis in die jüngste Gegenwart beschreibt. Diese Gegenwart war im Jahre 1934/35 geprägt vom Regime Calles, das heute als Zeit dramatischer sozialer Kämpfe und Unterwerfung gegenüber Wallstreeet gesehen wird, während die »moderne« und industrielle Vision vom neuen Mexiko des Präsidenten Cardenas im Palast der Schönen Künste wieder aufgenommen und von Marx wie von einem Schutzgott beherrscht wird. Im übrigen entfaltet sich das geschichtliche Anliegen des Wandbildes in den oberen Bildteilen, angefangen beim *libertador* (Befreier) Itúrbide, über den Krieg des Generals Santa Ana gegen die Texaner und die Nordamerikaner und den Kampf Juárez' gegen Kaiser Maximilian und die Franzosen, bis hin zum Porfirismus und zur Revolution von Madero, Villa und Zapata. Es ist eine außergewöhnliche Anhäufung von Szenen und historischen Porträts, zu denen Jahrhunderte der Kunstgeschichte ihren Beitrag geleistet haben – die Entlehnung gehen bis auf Piero della Francesca und Paolo Uccello, ja sogar bis El Greco zurück –, die aber in ihrer Gesamtheit von der endgültigen Rückkehr zu einem volkstümlichen und illustrativen Realismus zeugen.

Die Darstellung der Kämpfe zwischen *conquistadores* und Azteken an den unteren Wandteilen und die Legende Quetzalcóatls an der letzten Wand erscheint wie eine erste Antwort auf den kritischen Appell, in dem Siqueiros wenige Jahre zuvor die Abkehr von der folkloristischen Sehweise zugunsten einer Inspiration durch die alte Monumentalkunst der Indiokulturen gefordert hatte. Dieser Entwicklungsprozeß erreicht seinen Höhepunkt während des Zweiten Weltkrieges im letzten Freskenzyklus, der den alten Kulturen gewidmet ist: der Kultur der Tarasken, der Zapoteken, der Totonaken sowie einer archäologisch-anthropologischen Monumentalansicht der großen Stadt Tenochtitlán, der Hauptstadt des Aztekenreiches. Eine spätere Antwort also auf die Kritiken und Polemiken Siqueiros, während dieser, nach der ersten Wiederaufnahme der Wandmalerei im Exil, in Mexiko seine neuen Theorien von Audruck, Techniken und Räumen an dem »Porträt des Bürgertums« anwendet, das 1939 im Gewerkschaftshaus der Elektroarbeiter entsteht. In diesem Zusammenhang muß aber erwähnt werden, daß auch Rivera trotz seiner festen Vorstellung von traditioneller Form bereits am Nationalpalast mit neuen Techniken arbeitet, von Silikonfarben bis zur Spritzpistole.

Rivera in der Nachkriegszeit

1949 stirbt Orozco und auch das Schreckgespenst der Ermordung Trotzkis verblaßt im Laufe der Zeit, so daß Rivera und Siqueiros sich nach dem Krieg zusammentun, um gemeinsam »von links« die Wandmalerei als Ausdruck der bereits schwindenden Revolutionsmythen zu verteidigen gegen neue politische und kulturelle Einflüsse aus den USA, insbesondere der neuen Kunst der Avantgarde, Einflüsse, für die sich die neuen Künstlergenerationen empfänglich zeigen: Ein typischer Vertreter dieser Richtung ist Tamayo, der 1952 den »Bolschewismus« der alten Wandmaler anprangert. Dieses Klima beherrscht das Fresko Riveras »Sonntagsträumerei im Alameda-Park«, das der Künstler 1947 für die Eingangshalle des staatlichen Prado-Hotels am Zentralpark von Mexiko-Stadt geschaffen hat.

Historische Schwärmerei und utopische

Begeisterung treten hier zugunsten der Satire zurück (nicht umsonst steht im Mittelpunkt des Geschehens der als Profirio-Feind bekannte Karikaturist José Guadalupe Posada mit seinem wohl berühmtesten Geschöpf, dem Skelett der Calavera Catrina.

Siqueiros charakterisiert im Jahr 1960 auf treffende Weise, in welchem Geist das Bild gemalt wurde: »Man verlangt von ihm, ein Wandgemälde für dieses Touristenzentrum zu malen. Man bittet ihn, in sein Bild den Alameda-Park von Mexiko-Stadt einzubeziehen. Zweifellos haben sich die Herren, die ihm diesen Auftrag erteilten, vorgestellt, Rivera werde ihnen einen abstrakten Park malen oder nur Bäume, viele Bäume, blühende Bäume. Aber für Rivera war der Park eine geschichtliche Plattform, ein Schicksalsort für die Politik des Landes, denn der Park ist das Zentrum der Hauptstadt der Republik. Von hier war die Geschichte ausgegangen, hier waren alle patriotischen Kämpfer durchgekommen und alle Verräter des Vaterlandes, alle Freunde und gleichfalls alle Feinde des Imperialismus, die Rückständigen und Reaktionären ebenso wie die Revolutionären und Fortschrittlichen. Er malte also »Die Geschichte Mexikos« und benützte zu diesem Zweck den Park als historisches Forum . . . Der Prado als Hotel für Yankee-Touristen konnte dieses Werk nicht behalten. Die aufeinanderfolgenden amerikansichen Botschafter bestanden auf seiner Zerstörung. Wer immer als Vertreter der Regierung der Vereinigten Staaten dieses Bild sah, verlangte seine Vernichtung, und die Gattinnen der US-Botschafter fragten, wann immer sie mit dem Präsidenten der Republik oder einem anderen hohen mexikanischen Regierungsbeamten zusammentrafen, warum man es denn erlaube, daß an den Wänden öffentlicher Gebäude bolschwistische Wandmalereien prangen. Deshalb wurde das Gemälde versteckt, und es blieb lange Jahre verschwunden.« Und wieder kam es zum Skandal, als man entdeckte, daß Ignacio Ramírez, der Schriftsteller und Juárez-Anhänger mit dem Pseudonym El Nigromante (der Geisterbeschwörer), eine Schriftrolle in den Händen hielt, auf die Rivera den Satz gemalt hatte: »Gott existiert nicht. Das Universum wird von seinen eigenen Gesetzen regiert.« Siqueiros war unter den ersten, die Rivera verteidigten, aber der Maler wurde gezwungen, den Satz mit einer harmloseren, historischen Schrift zu übermalen: »Die Konferenz von San Juan de Letràn«.

Vielleicht ist es das Eingeständnis, daß die Avantgarde-Ideen des alten Gefährten und späteren Freund-Feind-Rivalen gut waren, vielleicht hat Rivera auch das Vertrauen in die Übereinstimmung des eigenen »revolutionären Realismus« mit neuen Zeiten und einer neuen Situation in Mexiko verloren. Jedenfalls ersinnt der Künstler 1951 archaisch-barocke aztekische Figuren, er wendet neue Techniken und neue Materialien an, malt im Lerma-Wasserbecken am Park von Chapultepec riesige, die Lebensformen im Wasser symbolisierende Kompositionen. Wenn die Ergebnisse hier nicht ganz glücklich ausgefallen sind, dann liegt das vielleicht daran, daß der formale Aufbau für Rivera völlig neu war. Besser gelingt ihm das ganz offensichtlich an der geschwungenen Fassade des Teatro de los Insurgentes. Eine überdimensionale Maske beherrscht das auf einem Fresko beruhende Mosaik, in dem Mythos, Symbole und Geschichte miteinander verschmelzen. Es ist den »mexikanischen Schauspielen und Festen« gewidmet, von den aztekischen Riten bis zur komischen Figur des Cantinflas, der durch den Hollywood-Film »In 80 Tagen um die Welt« internationale Berühmtheit erlangt hat. Das wahre Anliegen Riveras bleibt es aber bis zu Ende, mit seinen Bildern nationale Geschichte zu lehren. Das zeigt sich an seinem letzten Werk aus dem Jahr 1955 im Institut für Sozialpflege (Hospital de la Raza). Hier kehrt Rivera zu den sowohl realistischen als auch arachaischen Stilmitteln seiner Malerei im Nationalpalast zurück, um eine bildliche Beschreibung der alten und der modernen mexikanischen Medizin zu schaffen. Es wird zu seinem größten Widerspruch, ein Jahr vor seinem Tod.

Nationalpalast, Ausschnitt aus »Der Maisanbau«, gemalt 1945

Im November 1921 erteilte der Philosoph und damalige Erziehungsminister, José Vasconcelos, Rivera den Auftrag, die Bühnenwand des Anfiteatro Bolivar in der Vorbereitungsschule der Universität (Escuela Nacional Preparatoria) mit Fresken auszugestalten. In einjähriger Arbeit malte der Künstler in Enkaustik-Technik – unter Verwendung derselben Elemente und derselben Verfahren wie die alten Meister – ein etwa hundert Quadratmeter großes allegorisches Bild mit dem Thema »Die Schöpfung« (auf den beiden vorgehenden Seiten). Diese Komposition ist eine Mischung aus Allegorien verschiedener Religionen, die durch die Darstellung repräsentativer Menschentypen auf die Entste-

hung der mexikanischen »Rasse« anspielen. Zwar hatte Diego versucht, den sozialistischen Idealismus und den nicht konfessionsgebundenen Mystizismus Vasconcelos' künstlerisch umzusetzen, das Werk wurde aber zu einer rationalistischen Hymne an die Ursprünge des Menschen und an sein Denkvermögen, deren Sprache an die Mosaiken Ravennas und die Fresken der italienischen Renaissance erinnert. Im Mittelpunkt der Komposition steht der Mensch, der aus dem Lebensraum entspringt (oben). Rechts ein Ausschnitt aus dem rechten Teil des Wandbildes: Er stellt, wie Rivera selbst erläutert, den Menschen im Gespräch mit dem Wissen (el conocimiento) *und mit der Erzählung* (la fábula) *dar, beides Geschöpfe seines Geistes.*

Im März 1923 beginnt Diego mit dem ersten seiner großen Werke, der ausgedehnten Serie von Wandmalereien über drei Geschosse in den Höfen des Erziehungsministeriums. Themen dieser Gemälde sind die Arbeit, der Kampf um soziale Verbesserungen und die Errungenschaften und Feste des mexikanischen Volkes. Der Künstler arbeitet, wenn auch mit Unterbrechungen, vier Jahre lang intensiv an diesem Werk und bedeckt in dieser Zeit etwa 1.600 Quadratmeter mit Fresken. Auf diesen beiden Seiten zeigen wir Ausschnitte aus dem Wandgemälde im Hof der Arbeit, die der Herstellung von Töpferwaren gewidmet sind.

Bei den Wandmalereien des Erziehungsministeriums greift Rivera auf die Tradition der italienischen Freskenmalerei von Giotto bis zur Renaissance zurück, belebt sie aber mit Elementen der modernen Kunst, vom Impressionismus bis zum Kubismus und zum Expressionismus. Er bekennt sich zu dem, was er als klassische mexikanische Kunst, d.h. als Kunst aus der Zeit vor Cortéz bezeichnet, die Kunst der Indios, die auch als Thema Eingang in seine Malerei finden. Auf diesen beiden Seiten Ausschnitte aus »Die Bäuerinnen« (unten) und »Minenarbeiter verlassen das Bergwerk« (rechts oben und unten), »Industrie- und Landarbeiter verbrüdern sich« (oben rechts außen) und »Minenarbeiter gehen ins Bergwerk« (unten rechts außen).

COSA QUE
DE PIEDAD
ENTIERRE.

Der Hof der Arbeit im Erziehungsministerium verdankt seinen Namen den Wandmalereien Riveras: Im ersten Stock zeigt er die landwirtschaftlichen und industriellen Tätigkeiten des mexikanischen Volkes, während im zweiten und im dritten Stock die Künste dargestellt werden: Malerei, Bildhauerei, Tanz, Musik, Dichtung und Theater. Auf jedem Stockwerk versinnbildlichen einige in die Landschaftsmalereien integrierte allegorische Figuren die Entwicklung des Volkes von der primitiven Gesellschaft über Landwirtschaft und Industrie bis zur Revolution und zur Herausbildung einer auf einer neuen Ordnung beruhenden Gesellschaft. Vor der Revolution hatte man Themen wie die Tradition und das Leben des mexikanischen Volkes sowie das Eingeborenenelement in der Kunst nicht für darstellenswert gehalten. Diego Rivera gehörte zu den Malern, die es sich zum Ziel gesetzt hatten, Art und Inhalte des nationalen künstlerischen Schaffens in Einklang mit den revolutionären Vorgängen zu erneuern, durch die sich die sozialen Strukturen des Landes veränderten. Das Tafelbild mit dem Titel »Landwirtschaft« (auf diesen beiden Seiten) im Hof der Arbeit fängt einen glücklichen, lyrischen Moment innerhalb des sonst eher erklärenden und belehrenden Werks des mexikanischen Künstlers ein.

Im Hof der Feste im Erziehungsministerium malt Rivera im Erdgeschoß die Feste des mexikanischen Volkes, im nächsten Stock überwiegend Darstellungen von Festen, bei denen die intellektuelle Tätigkeit vorherrscht, während das Stockwerk darüber eine Reihe volkstümlicher Balladen illustriert. Breiter Raum wird dem Fest zum 1. Mai eingeräumt, das den ganzen Mittelteil einer Wand einnimmmt. Die Wandfelder »Im Arsenal« (Ausschnitt links) und »Barrikadenkampf« (Ausschnitt unten) entstanden zwischen 1928 und 1929 im zweiten Stock des Hofs der Feste im Rahmen des Corrido-Zyklus mit dem Thema »Die mexikanische Revolution der Landarbeiter und Proletarier«.

Rivera, der selbst an keiner revolutionären Handlung teilgenommen und sich von der sozialen Revolution in seinem Land ferngehalten hatte, wird zum Interpreten seines Volkes, zum begeisterten Verfechter einer monumentalen, nationalistischen Kunst mit politischen Hintergründen. Aus seiner marxistischen Einstellung erwächst ihm das Bedürfnis nach einer materialistischen und dialektischen Analyse der Sozialstruktur, die gerade in den Wandmalereien des Erziehungsministeriums ihren Anfang nimmt. Bilder, wie »Die Verteilung von Brot beim Mittagsmahl« und »Der Treueschwur auf die sozialistische Republik« (auf den beiden vorhergehenden Seiten) und andere Szenen aus

dem Balladenzyklus »Die siegreiche Revolution erfüllt alle Wünsche des Volkes«, wie z. B. »Das Bündnis« und »Die Alphabetisierung« (oben) und »Die Familie bei der Arbeit« (rechts) lassen auf eine bereits reife Persönlichkeit schließen und zeigen, wie Rivera trotz fehlender Bezugmuster neueren Datums zielstrebig eine Ausdrucksweise entwikkelt hat, die in perfektem Einklang mit der großen Wandmalerei steht. Darüberhinaus spiegeln diese Werke seine Begabung für die Erzählung wider, die für sein ganzes Schaffen als Wandmaler kennzeichnend werden sollte.

Nach der grob-eindringlichen Darstellung der brisanten Allianz zwischen dem Proletariat der Fabriken und dem der Felder in einer mythischen Umarmung zweier so unterschiedlicher Revolutionen wie der mexikanischen und der russischen, geht Rivera in polemischer Weise dazu über, auch das Antlitz des »Feindes« zu porträtieren: In den Wandfeldern »Das Mahl der Reichen« (links), »Das Souper der Milliardäre« und »Die Orgie oder die Nacht der Reichen« (unten), die ebenfalls im Hof der Feste zu finden sind, zeichnet er den nicht minder mythischen Kapitalismus von Wall Street und seine »Unmoral«. Das

Satirische und Karikaturhafte, das Rivera immer einsetzt, wenn er Vertreter der herrschenden Schicht darstellt, erscheint hier extrem überzeichnet. Der groteske Expressionismus gipfelt im »Souper der Milliardäre«, in dem mexikanische und amerikanische Kapitalisten, unter ihnen John Rockefeller, John Pierpont Morgan und Henry Ford, um einen mit Champagner, einer Nachbildung der Freiheitsstatue und Fernschreiberstreifen »festlich« gedeckten Tisch sitzen. Im Hintergrund zwei Lautsprecher und die gepanzerte Tür eines Banktresors.

Nach Beendingung der Wandmalereien im Erziehungsministerium geht Rivera in die Vereinigten Staaten. Dort befindet sich bereits José Clemente Orozco, und 1932 wird auch David Alfaro Siqueiros ins amerikanische Exil folgen. Sie alle fühlen sich angezogen vom New Deal Roosevelts, der unter anderem auch ein kulturelles Zehnjahresprogramm für Wandmalereien und noch andere Formen der Unterstützung für amerikanische Künstler vorsieht. In den Vereinigten Staaten malt Diego zwischen 1930 und 1933 Wandbilder im San Francisco Art Institute (über die Einheit der arbeitenden Kräfte), im Detroit Institute of Arts, im Rockefeller Center und in der New Worker's School, New York. Sein Werk für das Rockefeller Center, das den amerikanischen Arbeitern gewidmet ist und den Titel trägt »Der Mensch am Scheideweg« wird noch vor der Vollendung zerstört, weil es ein Porträt Lenins enthält. 1934 sollte Rivera dann im Palast der Schönen Künste in Mexiko-Stadt das Wandbild malen, das er im Rockefeller Center nicht verwirklichen konnte. Es ist der russischen Revolution gewidmet und zeigt Lenin und Trotzki vor dem Hintergrund der Roten Armee (Ausschnitt rechts).

WE WANT BREAD!!
WE ARE HUNGRY!

Nach Mexico zurückgekehrt, rekonstruiert Rivera 1934 im Palast der Schönen Künste in Mexiko-Stadt mit einigen Abänderungen das zerstörte Wandbild aus dem Rockefeller Center. »Der Mensch am Scheideweg«, der mit Unsicherheit, aber Hoffnung und visionär nach einem Weg für eine neue und bessere Zukunft sucht (die beiden vorhergehenden Seiten zeigen das Mittelbild), ist eine Verherrlichung der schöpferischen, wissenschaftlichen und technischen Macht des Menschen. Auf diesen Seiten zwei Ausschnitte: »Die vom Menschen beherrschte Pflanzenwelt« (unten) und »Arbeiter der Welt vereinigt Euch in der Vierten Internationalen« (rechts).

WORKERS OF THE WORLD UNITE IN THE IVth INTERNATIONAL!!
PROLETARIOS DE TODOS LOS PAISES UNIOS EN LA CUARTA INTERNACIONAL!!
ПРОЛЕТАРИИ ВСЕХ СТРАН
ПРИСОЕДИНЯЙТЕСЬ К 4му
ИНТЕРНАЦИОНАЛУ!
The liberation of the workers
may only be the work of the
laborers themselves.
La liberación de los trabajadores
solo será obra de los
trabajadores mismos.

DIVIDED WE starve UNITED we eat
We can't eat Blue Birds!!

Bei der Rekonstruktion von »Der Mensch am Scheideweg« ergaben sich einige Abänderungen aus den baulichen Gegebenheiten des Palastes der Schönen Künste, die anders waren als die des Rokkefeller Centers. Dort war die zu bemalende Wand in drei Teile geteilt, während Rivera in Mexico eine sehr lange, glatte Wand vorfindet. Man hat festgestellt, daß bei dem zweiten Wandbild nicht mehr so sehr Einfachheit und Solidität des Aufbaus eine Rolle spielen als vielmehr die Betonung der Linienführung, Details, die der Wirkung des Werkes abträglich sind. Rivera fügt nicht nur Trotzki und Marx hinzu, sondern interessanterweise auch das Porträt von John Davison Rockefeller jun. in der Nachtklubszene, nicht weit entfernt von den Erregern der Geschlechtskrankheiten. Links ein anderes Detail aus diesem Wandbild. Hier stellt der Maler in seinem elementaren Positivismus Darwin neben ein Röntgenbild. Von den Menschenaffen leitet er hinüber zu den Studenten aller Rassen, die gebannt auf den Arbeiter als Weltenlenker blicken, während rechts oben im Bild (rechts) Arbeitslose und Polizei im Verlauf der sozialen Unruhen in den Vereinigten Staaten zu Beginn der Krise von 1929 aufeinanderprallen.

HUELGA

1929 beginnt der Künstler im Nationalpalast mit den Arbeiten an der »Geschichte Mexikos«. In den Gemälden »Der Klassenkampf« (gegenüberliegende Seite links), »Die Erschießung Maximilians« mit Szenen aus der Conquista (gegenüberliegende Seite rechts) aus dem Jahr 1934 und »Die Revolution Maderos« mit Bildern aus dem Mexiko Porfirio Díaz' und der Inquisition (links) aus dem Jahr 1929 nimmt Rivera den Stil früherer Wandmalereien wieder auf, zeigt hier aber eine stärkere Dynamik und Ausdruckskraft. Im »Klassenkampf« beherrscht Marx, dargestellt als Prophet (nicht im Bild), die ganze Bildkomposition. Rechts erkennt man visionär die von einem Feind in Brand gesteckte Stadt Mexiko; unten die neue Stadt mit ihrem pulsierenden Leben. In der Mitte: Mellon, Vanderbilt, Morgan, William Durant Sinclair und Rockefeller verfolgen das Börsengeschehen (nicht im Bild). Rechts: Expräsident Calles, ein Vertreter der Kirche und ein General erscheinen in Verbindung mit der Wall Street (am äußersten linken Rand). Durch die röhrenartigen Gestänge, die das Wandbild durchkreuzen, entstehen Wandfelder, die dem Künstler die Möglichkeit zur Gegenüberstellung von gegensätzlichen Aspekten der Wirklichkeit geben. In den Freiraum malt Rivera das gewalttätige Aufeinanderprallen zweier Kräfte: der bewaffneten Polizei und der Volksmenge (Klassenkampf und Klassenjustiz).

TIERRA Y
ERTAD

CONSTITUCION DE 1857
LEYES DE REFORMA

Die Wandmalereien »Die Kriege um die Befreiung Mexikos«, »Juárez und die Verfassung von 1857« (vorhergehende Seiten) sowie »Der Krieg von Texas« (unten links) folgen dem von Rivera gern angewandten Prinzip, Szenen auf zwei Ebenen anzuordnen: Auf die untere Ebene stellt er die Figuren aus der älteren Zeit, auf die obere die Szenen aus der jüngeren Geschichte. Die »Legende von Quetzalcóatl« (unten rechts) ist pyramidenförmig aufgebaut: Die Figurenblöcke sind in vertikaler Linie angeordnet. Gegenüber: »Die Kultur der Tarasken«, ein Gemälde, das nach 1945 entstanden ist.

1945 nimmt Rivera seine Arbeit im Nationalpalast von Mexiko-Stadt wieder auf. Im zweiten Stock über dem Treppenaufgang läßt er die großen präkolumbianischen Städte wiedererstehen und umgibt sie mit den verschiedenen Eingeborenenkulturen, die er jeweils bei einer charakteristischen Betätigung zeigt. In diesem Bilderzyklus gelangt Rivera durch die kluge Vermischung volkstümlichen Geschmacks mit einer bewußt archaischen Sprache zu einer ganz besonderen Ausdrucksweise. Aus der Malerei der Maya und Azteken übernimmt er das Fehlen von Perspektive und die Art, Motive miteinander zu verschmelzen, man erkennt aber auch deutlich den Einfluß des Primitivismus und Exotismus von Gauguin und Rousseau. Von Michoacán mit der Kultur der Tarasken, als deren Kennzeichen er die Färberkunst wählt (links unten), geht Rivera zur Kultur der Zapoteken über (rechts unten), die er mit der Herstellung von Goldschmiedearbeiten und Federschmuck charakterisiert. In diesem Bild setzt Rivera die mit den verschiedenen Tätigkeiten befaßten Eingeborenen an den unteren Rand des Wandgemäldes: Wie bei allen Bildern, in denen das Volk eine Hauptrolle spielt, stimmt die Basis des Freskos mit der marxistischen Auffassung von der »Basis« als treibender Kraft für die gesamte Gesellschaft überein.

Zu den besten Werken des Künstlers gehören »Die große Stadt Tenochtitlán«, ein Wandbild, das 1945 im Nationalpalast entstand. Hier scheint sich Rivera, der in der kleinen Stadt Guanajuato geboren wurde, also im Herzen der Region, die als Wiege der aztekischen Kultur gilt, völlig mit dem alten Volk zu identifizieren, indem er dessen Brauchtum, seinen Glauben und seine Bauwerke wieder aufleben läßt. Im Hintergrund ein prächtiges Bild von der Aztekenstadt mit ihren Inseln, Lagunen und den beiden Vulkanen. Dem Betrachter etwas näher gerückt, die Tempel und Paläste, und im Vordergrund der Markt, wo eine Kurtisane (rechts) Geschenke entgegennimmt.

Auf dem Wandbild »Die Kultur der Totonaken«, gemalt 1950, nimmt das Ballspiel den ganzen linken Teil (links oben) ein: Die rituelle Handlung vollzieht sich in Anwesenheit des Herrschers, den ein kunstvoller Kopfputz aus blauen Federn ziert. Rechts erkennt man den Volador, *einen hohen Pfahl, von dessen Spitze sich vier Indios gleich fliegenden Menschen mit dem Kopf nach unten in je dreizehn Umdrehungen abseilen. Das ergibt insgesamt die Zahl 52, d. h. die Anzahl der Jahre, aus denen bei den Totonaken ein »Jahrhundert« bestand. Beherrscht wird die gesamte Kompostion vom wuchtigen, naturgetreu dargestellten Pyramidenbau von El Tajín (links unten). 1951 entsteht »Die Herstellung von Papier und anderen Erzeugnissen aus der Agave« (rechts). In dem durch das Mauerwerk begrenzten Raum verknüpft der Künstler die verschiedenen Szenen: Einige Indios bauen aus Agavenblättern eine Hütte, andere entziehen der Pflanze ihren Saft, der dann destilliert und zu* Pulque *vergoren wird, dem mexikanischen Nationalgetränk. Links im Bild werden Agavenblätter eingeweicht, um den für die Papierherstellung benötigten Faserkern herauslösen zu können, und rechts wird die Faser gesponnen und zu Geweben verarbeitet.*

1951 entsteht »Die Landung Cortéz' in Veracruz« (rechts ein Ausschnitt). Die Invasoren im Vordergrund strahlen Kälte aus. Sie sind nach strengen klassischen Regeln gemalt und erinnern an die in der Malweise des 15. Jahrhunderts gehaltenen Rivera-Fresken im Cortéz-Palast von Cuernavaca (dies gilt besonders für die Soldaten, die zur Überwachung der am Palastbau beteiligten Sklaven abgestellt sind). Auf der zweiten Bildebene dagegen versetzen uns die von Konquistadoren zerstörte Natur, Tierköpfe und die Gefangenen hinein in den für Rivera tyischen modernen Primitivismus. Im Vordergrund hat der Künstler unter den Konquistadoren einen Juden dargestellt (nicht im Bild), den ersten Juwelenhändler Neuspaniens. Hinter zu Pferd der rotbärtige Pedro de Alvarado. Er trägt eine Rüstung und stützt sich auf eine Lanze. Ihm zur Seite Sandeval und Diego de Ordaz. Cortéz wird, in Übereinstimmung mit Untersuchungen seiner 1949 wieder aufgefundenen sterblichen Überreste, mit deutlichen physischen Mängeln dargestellt. Cortéz gegenüber ein Sklavenhändler und hinter diesem eine Eingeborene mit ihrem kleinen Sohn. Die Soldaten auf der linken Seite brandmarken die Eingeborenen mit dem G, der Initiale für Guerra *(Krieg).*

1947 wendet sich Diego Rivera wieder jener historischen Bilderfolge zu, die von der spanischen Eroberung bis zur mexikanischen Revolution reicht und den Titel trägt »Sonntagsträumerei im Alameda-Park« (unten). Es ist ein prächtiges Wandbild, das die Eingangshalle des staatlichen Hotel del Prado gegenüber dem zentral gelegenen Alameda-Park in Mexiko-Stadt schmückt. Das Werk, in dem sich eine Menge unterschiedlichster Figuren tummelt, ist gleichzeitig auch eine ironische Reise zurück in die Erinnerung, die in der Rückkehr zur Kindheit gipfelt. Der Künstler findet dafür eine Ausdrucksweise, die zwischen naiv und grotesk liegt.

Unten ein Ausschnitt aus »Der Sonntagsträumerei im Alameda-Park«. Man erkennt Cortéz mit blutverschmierten Händen, Fray Juan de Zumárraga, den ersten Bischof von Mexiko, und einige Mitglieder des Inquisitionsgerichts mit ihren Opfern. Es folgen Sor Juana Inés de la Cruz, die herausragende literarische Figur der Kolonialzeit, sowie einige mit der Geschichte des unabhängigen Mexiko verbundene Persönlichkeiten: Don Agustín de Itúrbide, der sich selbst zum Kaiser ernennt, der General Santa Ana, der den amerikanischen Angreifern die Schlüssel von Texas überreicht, und Benito Juárez mit der Verfassung

von 1857. Unter den Intellektuellen sind zu erwähnen Ignacio Altamirano und Ignacio Ramírez, »El Nigromante«, der ein Blatt trägt mit der Aufschrift: »Konferenz von San Juan de Letrán 1836«, mit der Rivera den anstoßerregenden Spruch »Gott existiert nicht« ersetzte. Auch Kaiser Maximilian von Österreich und seine Frau sind auf dem Bild zu sehen. Besonders köstlich einige Szenen aus dem Leben des Volkes: Der kleine Junge, der das Taschentuch stiehlt, und der Indio und der Alte, die eingeschlafen sind (im Vordergrund).

MEXICANOS
EL CLUB POLITICONACIONA
NICOLAS ZUÑIGAYMIRANDA

Autobiographische Züge trägt der Mittelteil der »Sonntagsträumerei im Alameda-Park«. Hier stellt Rivera sich als dicken Knaben mit hervorquellenden Augen dar (Seite 61), seine Kleidung sitzt schlecht, er trägt einen Strohhut und einen Schirm und hat in einer Tasche einen Frosch und in der anderen eine Schlange. Er geht Hand in Hand mit der »Calavera Catrina«, dem metaphorisch-karikaturhaften Skelett, das die pedantische, eitle Bürgerschaft darstellt; neben der »Catrina« ihr Schöpfer, der berühmte Maler José Guadalupe Posada. Hinter Diego befinden sich seine Frau Frida Kahlo, auch sie Malerin, und der Dichter José Martí, der im Kampf um die Unabhängigkeit Kubas an vorderster Front stand. Die beiden eleganten jungen Damen in Rot und Blau (Seite 60) sind die Töchter Riveras. Links weitere Persönlichkeiten, darunter ein alter, medaillenbehängter General im Ruhestand, um dessen Haupt ein Engel einen Lorbeerkranz windet. Diesen Figuren stellt der Künstler Gestalten aus dem Volk gegenüber: Die Indiofrau im Vordergrund, der junge Mann, der sich über den General lustig macht, und das köstliche Kind, das seine Puppe wiegt (rechts).

Die rechte Seite des Freskos »Sonntagsträumerei im Alameda-Park« ist der revolutionären Periode und der Zeit der Wahlen gewidmet. Vorbei ist die Zeit der feinen Damen aus der bürgerlichen Gesellschaft des ausgehenden Jahrhunderts mit ihren kostspieligen Hüten und eleganten Kleidern und der Herren mit Melone. An die Stelle des üblichen Gegensatzpaares Mann aus dem Volk/Angehöriger der Oberschicht treten die Revolutionsheere Emiliano Zapatas und Pancho Villas und die Volksmassen, die zu den siegreichen Helden der mexikanischen Geschichte werden. Auch die Farben des Parks verändern sich: Sie sind dunkel in dem der spanischen Conquista *gewidmeten Teil des Wandgemäldes, zart und duftig in der Bilderfolge, die Diego als Kind zeigt, und sie explodieren im reinigenden Feuer der Revolution, im schreienden Grün und Gelb des Mexikos der Zukunft. Selbst die Bäume nehmen an dem Geschehen anteil: Hier krümmen sie sich, als ob sie im Kampf stünden, dort wachsen sie über den Horizont hinaus. Auf diesen beiden Seiten einige Details: Ein Gendarm verjagt einen Bauern, der mit seiner Familie zu Besuch in die Stadt gekommen ist (Seite 64 oben); eine Szene zum Thema »Wahlen« (Seite 64 unten) und die Brötchenverkäuferin (rechts).*

1951 baut Rivera im neuen Park von Chapultepec eine bizarre Erdskulptur: eine Art Zisternengrotte für die Wasserverteilungsstation des Lerma-Flusses. Steine, Reliefs und Malereien aus Zement beschwören mit üppig barokkisierenden Formen den aztekischen Mythos von Tlaloc, dem Gott des Regens. Die Skulptur aus Natursteinmosaik in der äußeren Brunnenanlage verleiht dem Regengott eine grandiose Gestalt. In der zentralen Anlage der Wasserstation malt der Künstler mit Polystyrol das Wandbild »Das Wasser in der Entwicklung der Lebewesen« (S. 66-69). In einer verschlungenen Komposition stellt er Lebensformen des Wassers dar: Das Protoplasma, Wasserschlangen, Fische, Kaulquappen, Frösche und zwei nackte Menschen, die aus den Wellen auftauchen. Darum herum Szenen mit Menschen, die für den Bau der Wasserstation Berge durchbohren, und eine Versammlung von Ingenieuren und Architekten. Die beiden riesigen, zur Muschel geformten Hände, durch die das Wasser rinnt (Seite 66 oben), sind wohl der schönste Teil des Wandgemäldes. Leider versagte das Polystyrol seinen Dienst: Im Laufe weniger Jahre beschädigte das Wasser dieses Kunstwerk, und heute ist es zum Teil bis zur Unkenntlichkeit zerstört.

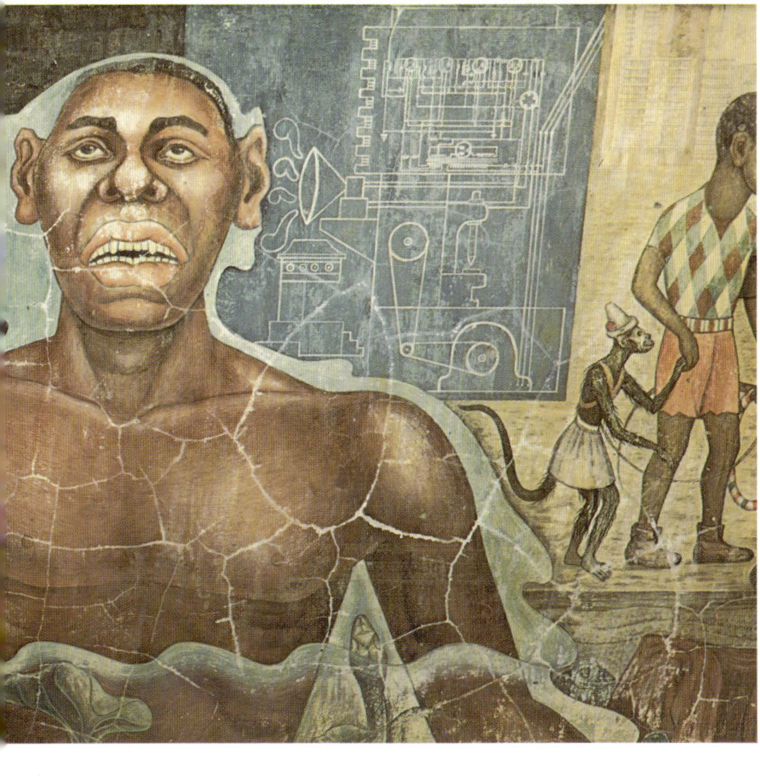

Die Fassade des Teatro de los Insurgentes (Theater an der Straße der Aufständischen) ist mit einem großen Glasmosaik verziert (links), dem ein Fresko Riveras aus dem Jahre 1953 zugrundeliegt. Es zeigt Begebenheiten der mexikanischen Geschichte aus der Zeit vor Kolumbus bis heute. Im Mittelpunkt des Mosaiks steht eine riesige Maske, die zwei überdimensionale Frauenhände fest im Griff haben. Am äußersten linken Rand Szenen und Figuren der spanischen Conquista: *Cortéz gebrechlich und mit verdrehten Beinen dastehend, hält eine Lanze, und es scheint, als habe der Engel hinter ihm sie in seine Hand gegeben. Zu Füßen des Eroberers, ein indianischer Gefangener mit auf dem Rücken gebundenen Händen. Wie in den aztekischen Codices äußert er sich zu dem Geschehen mit einer Sprechblase, die aus seinem Mund kommt. Hinter Cortéz, die theatralische Maske eines Dämons. An diesen Bildteil schließen sich die Porträts von Miguel Hidalgo, José María Morelos und Benito Juárez an. Die beiden erstgenannten sind Helden aus dem Unabhängigkeitskrieg, Juárez ist der Präsident, der dem Land 1857 die Verfassung gab. Weiter rechts symbolisiert eine erhobene Faust den Kommunismus. Unten mexikanische Tänzer und Musikanten in Tracht.*

Im Mittelteil des Mosaiks am Teatro de los Insurgentes ist der volkstümliche Komiker Cantinflas als pelado, *d. h. armer Schlucker, verewigt, eine Rolle, die ihn berühmt gemacht hatte (unten). Zu seiner Linken Karikaturen von Kapitalisten, Kurtisanen, Militärs und Kirchenmännern. Über Cantinflas hatte Rivera die Jungfrau von Guadalupe, die Schutzpatronin Mexikos, gemalt, aber das löste einen Skandal aus, und deshalb wurde das Bild bei der Ausführung der Mosaikarbeiten überdeckt. Rechts Emiliano Zapata, Aztekentänzer und Opferszene auf einer präkolumbianischen Pyramide.*

1955 wendet sich Rivera in seinen Wandmalereien wieder dem Thema der Medizin zu: Für das Institut für Sozialpflege »Hospital de la Raza« malt Rivera ein Wandbild, das die Geschichte der Medizin von den alten Wunderheilern der präkolumbianischen Kulturen bis zur heutigen Wissenschaft zusammenfaßt. Die Fresken, die den sagenhaften Mythen um die medizinischen Wunder der Azteken Gestalt verleihen, sind von großer Poesie und Zartheit. Mit primitiven Obsidian-Instrumenten fügten ihre Priesterheiler Brüche zusammen, sie führten Schädeltrepanationen aus (links oben), operierten am offenen Brustkorb und verhalfen Kindern ans Licht der Welt (links unten). Eine gewisse Kälte strahlt dagegen die Beschreibung der heutigen Errungenschaften aus, gleich, ob es sich um eine moderne Operation, eine Geburt oder die Abnahme eines Elektroenzephalogramms handelt (rechts). Die siebzig Wandbilder des Hospital de la Raza entstanden in zweijähriger, intensiver Arbeit. Sie beschließen praktisch das Schaffen des Wandmalers Rivera, der Tag für Tag und Bild für Bild Zeugnis ablegte für die Tragödie und für die Hoffnungen seines Volkes, die auch die seinen waren.

Inhalt